René Reiche

Schmink-Ideen für Halloween und Gruselfeste

CHRISTOPHORUS
BRUNNEN-REIHE

Inhalt

Ein herzliches Dankeschön an unsere Modelle Ann-Christine, Elena, Johannes, Judith, Rosa und Sophie!

Schaurig schöne Masken

Halloween, der 31. Oktober, wird traditionell in Amerika und England gefeiert. Doch auch in Deutschland wird dieser Tag gerne zum Anlass genommen, um mit schaurigen Masken durch die Straßen zu ziehen und Halloween-Partys zu feiern. In der Geschichte Halloweens finden sich allerlei Furcht erregende Gestalten, die sich hervorragend zum Schminken eigenen: tanzende Gespenster, runzelige Hexen, blutrünstige Vampire und grinsende Teufel.

Mit diesem Buch können Sie sich und Ihre Kinder in gruselige Wesen verwandeln, sodass Sie auf jeder Party glänzen – und erst auf den zweiten Blick erkannt werden.

Viel Spaß beim
Ausprobieren wünschen

Das Material

Water-Make-up

Für die Masken in diesem Buch wurde ausschließlich das so genannte Water-Make-up verwendet. Es wird wie Wasserfarben verarbeitet. Die Farben sind hoch pigmentiert und behalten ihre Leuchtkraft auch nach dem Antrocknen, sie sind dann sogar berührungsfest! Am Ende des Tages können sie ganz einfach mit einer milden Reinigungsmilch und Wasser entfernt werden. Farben aus dem Fachhandel sind dermatologisch getestet, hautverträglich und auch für Allergiker (etwa bei Neurodermitis) in der Regel unbedenklich. Water-Make-up ist in Paletten in unterschiedlicher Farbauswahl oder einzeln in verschiedenen Größen erhältlich. Eine Besonderheit stellen in diesem Buch Metallic-Farben dar. Sie verleihen einen schönen Glanz und erzielen bei den Farbtönen Grau-Metallic, Goldgelb und Silberweiß interessante Effekte.

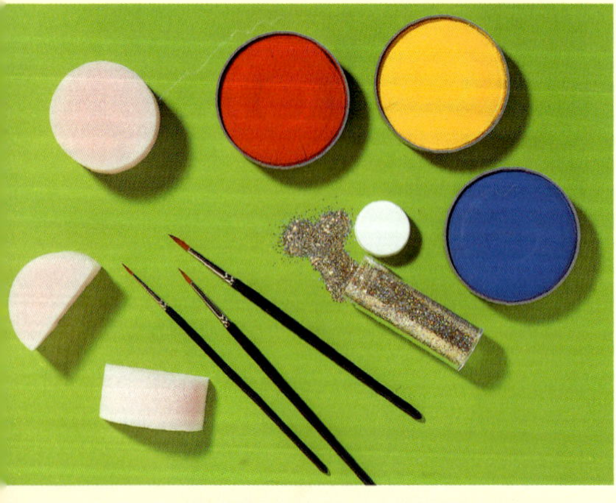

Glimmer

Glimmer verleiht den Gesichtern den letzten Pfiff. Kinder sind begeistert von diesem besonderen, funkelnden und glitzernden Effekt. Im Handel sind einige Farben und Glimmersorten erhältlich. Achten Sie unbedingt darauf, dass es sich um Polyesterglimmer handelt, der frei von Glas- oder Metallbestandteilen und somit auch ungefährlich ist, wenn einzelne Partikel in Mund oder Augen geraten sollten. Hologrammglimmer schillert in allen Regenbogenfarben.

Schwämmchen und Pinsel

Zum Grundieren der Gesichter, also dem großflächigen Auftragen der Farben, werden Make-up-Schwämmchen benötigt. Runde Schwämmchen zur praktischeren Handhabung einmal halbieren. Mit dem Pinsel werden Motive und Konturen geschminkt. Im Fachhandel sind Pinsel in verschiedenen Formen und Größen erhältlich. Am besten geeignet sind Echthaar-Rundpinsel (z. B. Rotmarder) der Stärken 2, 4 und 6. Die Pinsel sind vorne spitz zulaufend, sodass Sie damit feinere Linien und Umrandungen gestalten können.

Die Technik

Grundieren

Für jeden Farbton möglichst einen eigenen Make-up-Schwamm verwenden, damit die Farben klar und sauber bleiben. Ein Ende des Schwammes leicht mit Wasser anfeuchten und damit die Farbe aufnehmen. Wenn der Schwamm zu nass ist, werden die Grundierungen streifig. Außerdem verbrauchen Sie dann unnötig viel Farbe und die Farben trocknen langsamer. Am besten üben Sie auf Ihrem Unterarm, bis das Mischungsverhältnis stimmt. Die Grundierungen sollten gleichmäßig sein und am Rand weich auslaufen. Nach dem Schminken die Schwämme gut reinigen.

Konturen malen

Den Pinsel locker, am besten aus dem Handgelenk, nicht aus dem gesamten Arm heraus, führen. Auch hier eignet sich der eigene Unterarm als Übungs-Fläche, auch um das richtige Mischungsverhältnis Wasser-Farbe herauszufinden. Bei jedem Farbwechsel den Pinsel gut auswaschen und auf einem sauberen Haushaltsschwamm abstreifen, bevor mit der nächsten Farbe gemalt wird.

Glimmer auftragen

Glimmer ganz einfach mit einem feuchten Pinsel dem Glimmerröhrchen entnehmen und wie Farbe auf die Schminke auftragen. Dadurch löst sich das Make-up kurzzeitig und hält anschließend den Glimmer fest.

Hilfsmittel

Diese Hilfsmittel werden immer benötigt und in der Materialliste nicht extra aufgeführt:

- Make-up-Schwämmchen
- Pinsel der Stärken 2, 4, 6
- Haushaltsschwämme zum Abstreifen der Pinsel
- Wasserbehälter mit sauberem Wasser
- Kosmetikspiegel, damit die Kinder ihr Gesicht sofort betrachten können
- Reinigungsmilch
- Eventuell bei extrem trockener Haut vor dem Schminken Feuchtigkeitscreme (kein Fett!) auftragen
- Bei Bedarf Zahnbürste zum Einfärben der Haare

Spinnenmaske

Farben

- Weiß
- Silber
- Grau-Metallic
- Schwarz
- Glimmer

1 Das Gesicht flügelförmig mit dem Schwamm weiß grundieren, dabei die Augen aussparen. Nach dem Trocknen Silber darüber legen.

2 Mit einem feinen Pinsel Netz und Spinne aufzeichnen, dabei für das Netz die Nasenwurzel als Ausgangspunkt wählen.

3 Die Lippen mit einem dickeren Pinsel in Silber bemalen, mit einem feineren Pinsel die Konturen schwarz nachziehen. In Weiß das Kreuz auf die Spinne malen.

4 Graue Schatten in das Netz setzen und Glimmer auf die schwarzen Linien und den Mund auftragen.

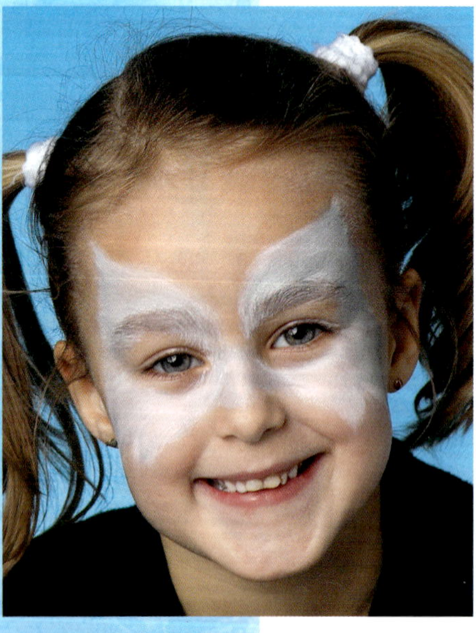

Tipp

Die beiden Seiten des Spinnennetzes sollten symmetrisch sein. Betrachten Sie die Grundierung mit etwas Abstand, so erkennen Sie Ungenauigkeiten am besten und können sie ausbessern.

Hexe

Farben

- Weiß
- Türkis
- Dunkelgrün
- Schwarz

1 Das Gesicht und die Lippen mit dem Schwämmchen großflächig türkis grundieren. Die Augenpartie, die Wangen, das Kinn und die Schläfen dunkelgrün abschattieren. Die Wangenknochen, den Nasenrücken, die Augenbrauen, die Stirn und die Kinnspitze weiß hervorheben.

2 Das Spinnennetz, von der Nasenspitze ausgehend, strahlenförmig auf das Gesicht mit einem feinen Pinsel aufzeichnen. Die Augenbrauen buschig und nach oben gezogen aufmalen.

Tipp

Wenn Sie die Augenbrauen stark nach oben ziehen, verleihen Sie dem Gesicht einen besonders „bösen“ Ausdruck.

Schädel

Farben

- Weiß
- Dunkelrot
- Schwarz

1 Das Gesicht mit dem Schwämmchen weiß grundieren. Die untere Linie der Maske verläuft entlang der Wangenknochen und des Oberkieferknochens. Auch die Oberlippe einbeziehen. Dazu den Mund öffnen, um das Bemalen der Unterlippe zu vermeiden. Augenhöhlen und Nase mit dem Schwamm in Schwarz ausarbeiten.

2 Den äußeren Rand der Maske mit einem feinen Pinsel in Schwarz nachziehen, die Konturen der Augenhöhlen, wenn nötig, verbessern. Zähne auf der Oberlippe und Risse in der Maske andeuten.

3 In dunklem Rot feine Blutspuren und -tropfen andeuten.

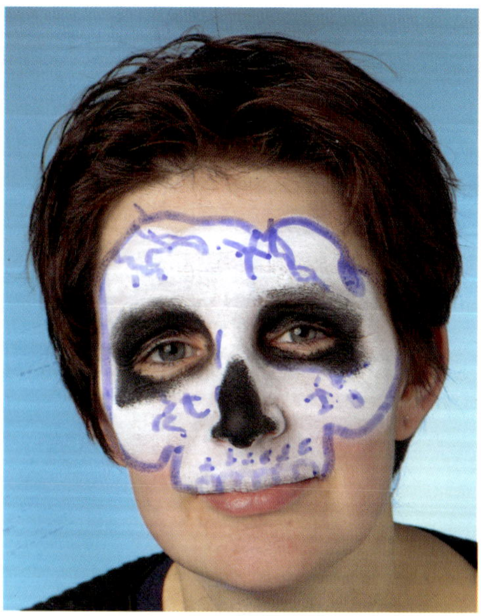

Kürbisranken

Farben

- Goldgelb
- Orange
- Grün
- Perlgrün
- Schwarz
- Glimmer

1 Mit dem Pinsel orangefarbene Kürbisse, grüne Blätter und Ranken auf das Gesicht malen. In Goldgelb und Perlgrün Akzente setzen.

2 Orange Lippen malen, mit einem feinen Pinsel schwarz umranden. Den Kürbissen Gesichter geben und die Blätter und Ranken strukturieren.

3 Mit Glimmer die Konturen betonen.

Tipp

Schnörkel und Ranken gelingen am besten, wenn sie in einem Stück, ohne abzusetzen, gemalt werden.

Geisterstunde

Farben

- Weiß
- Silberweiß
- Goldgelb
- Hellblau
- Mittelblau
- Dunkelblau
- Schwarz
- Glimmer

1 Um das linke Auge herum den Mond weiß grundieren. Um den Mond mit dem hellsten Blau beginnend mit der Grundierung fortfahren, das dunkelste Blau schließt nach außen hin ab und bezieht die Oberlippe mit ein.

2 Den Mond mit einem Schwämmchen goldgelb einfärben. Mit silberweißen, waagerechten Strichen den Mondschein andeuten. Dafür einen feinen Pinsel verwenden.

3 Schwarze Fledermäuse und Vögel mit einem feinen Pinsel aufmalen. Die Oberlippe schwarz umranden, die Unterlippe schwarz einfärben und die Mundwinkel etwas nach außen ziehen.

4 Glimmer auftragen.

Tipp

Die Grundierung bei geschlossenen Augen auftragen. Trocknen lassen. Augen öffnen, nach oben schauen und unter den Augen nachgrundieren.

Tanz der Gespenster

Farben

- Weiß
- Schwarz
- Grau
- Glimmer

1 Das ganze Gesicht mit dem Schwamm weiß grundieren. Mit einem schwarzen Schwamm drei Gespensterkörper andeuten.

2 Die Augen der Gespenster als kleine weiße Ovale aufmalen, mit einem feinen Pinsel in Schwarz umranden. Pupillen und Augenbrauen aufzeichnen.

3 Die Lippen des Kindes grau färben. Wenig Glimmer auf die schwarzen Konturen und als Lichtpunkte auf die Augen der Gespenster geben.

Tipp

Störende Haare am besten mit der linken Hand zurückhalten. So spüren Sie außerdem jede Bewegung des Kindes.

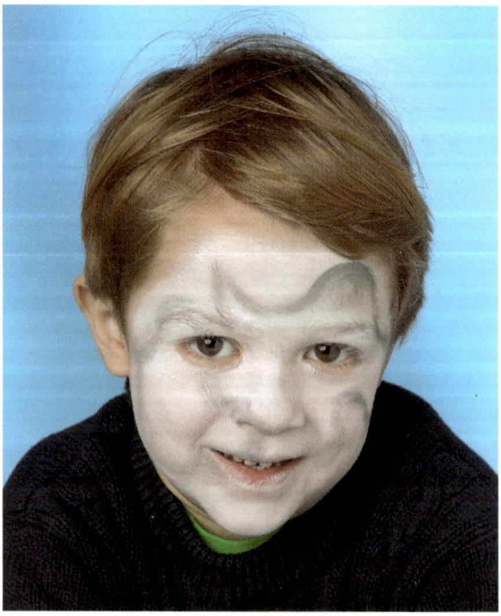

Harlekin

Farben

- Weiß
- Schwarz

1 Das Gesicht schwarz und weiß grundieren. Der Nasenrücken bildet die Mittellinie. Um die Augen herum sauber arbeiten. Dazu das Oberlid so lange geschlossen halten, bis die Farbe trocken ist. Unterhalb der Augen nachgrundieren.

2 Mit dem Pinsel die Konturen in Schwarz nachziehen. Die Striche möglichst nicht mehrfach nachfahren, weil sich sonst Weiß und Schwarz zu Grau vermischen. Auf die rechte Seite eine Bommel aufmalen. Die Mundkonturen nachfahren, dabei die Mundwinkel über die Lippen hinausziehen, mit senkrechten Strichen nach außen hin abgrenzen. Die Farben gegengleich auftragen, das heißt: weiße Lippen auf schwarzer Gesichtshälfte und umgekehrt.

3 Am unteren Lidrand Lidstriche ziehen. Geometrische Muster und Augenbrauen mit dem Pinsel auftragen. Auf die rechte Unterlippe weiße Lichtpunkte setzen.

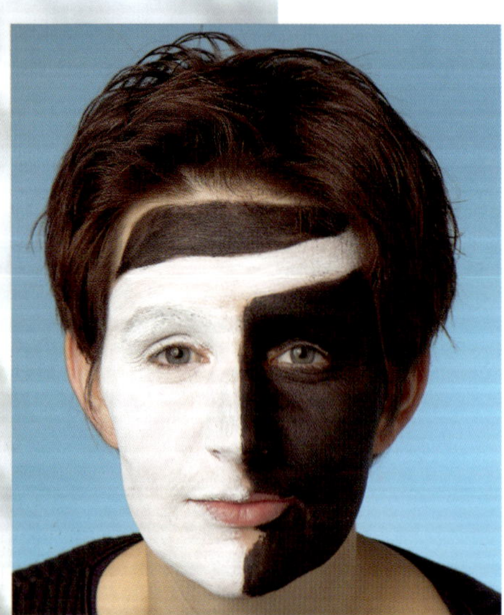

Teufel

Farben

- Weiß
- Rot
- Schwarz

1 Das Gesicht mit dem Schwämmchen rot grundieren, dabei Teufelsohren unterhalb der Schläfen andeuten. Mit dem Schwämmchen über den Mund hinaus v-förmig eine Zahnreihe in Weiß andeuten.

2 Mit einem fast trockenen Schwamm schwarz abschattieren. Die Zahnreihe und den Maskenrand mit einem Pinsel schwarz umranden, dabei die Teufelsohren leicht eckig andeuten.

3 Augenbrauen, Bärtchen und Hörner mit einem schwarzen Pinsel aufmalen. Weiße Lichtpunkte auf die Hörner setzen, die Zähne nachbessern.

Tipp

Auch die Haare können mit Water-Make-up und einer alten Zahnbürste eingefärbt werden. Dazu mit der Zahnbürste Wasser und Farbe aufnehmen und auf einzelne Strähnen auftragen. Eventuell die Haare trocken föhnen und mit dem Kamm auflockern. Am Abend die Farbe mit Wasser und Shampoo entfernen.

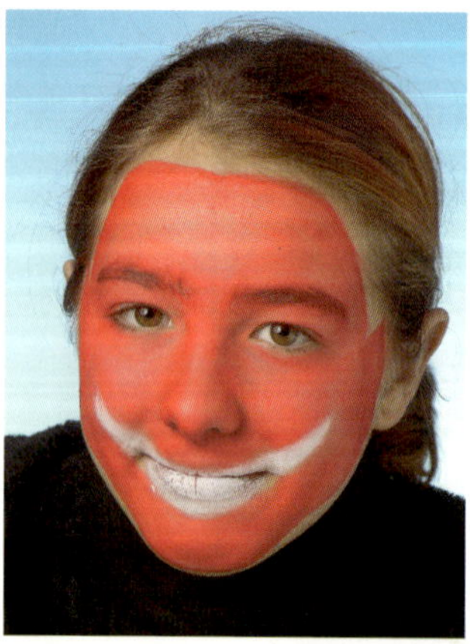

Joker

Farben

- Weiß
- Rot
- Grau
- Schwarz

1 Das Gesicht mit dem Schwämmchen weiß grundieren. Augenschatten und den Haaransatz bogenförmig mit einem Pinsel in Grau einfärben. Die Wangen mit einem schrägen grauen Pinselstrich, der mit einem fast trockenen Schwämmchen nach unten verwischt wird, betonen. Darauf achten, dass die aufgezeichneten Gesichtszüge symmetrisch sind.

2 Die Nase mit dem Pinsel rot färben, dabei sehr breite Nasenflügel malen. Mit dem Pinsel in Weiß auf Ober- und Unterlippe eine Zahnleiste zeichnen, dabei zwei Fangzähne in den Mundwinkeln andeuten. Um die Zähne herum, also außerhalb der Lippen des Kindes, mit dem Pinsel einen roten Mund auftragen.

3 Brauen, Zahnumrandungen und senkrechte Striche an den Augen mit einem feinen Pinsel in Schwarz anbringen und Lidstriche ziehen. Mit einem grauen Pinsel die Zahn- und die Augenkonturen nochmals nachziehen.

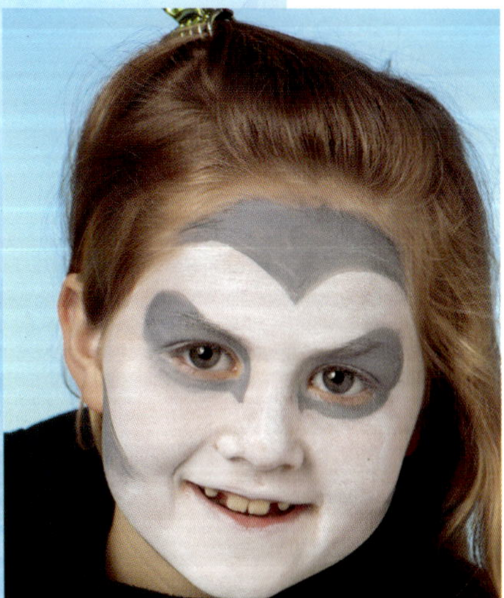

Kürbiskopf

Farben

- Weiß
- Orange
- Rot
- Schwarz
- Glimmer

1 Das Gesicht mit einem Schwamm orange grundieren, dabei die Form des Kürbisses festlegen. Mit Rot strukturieren.

2 Mit einem fast trockenen Schwämmchen schwarze Schatten andeuten. Auf die Unterlippe mit einem weißen Pinsel eine Zahnleiste mit zwei Fangzähnen in den Mundwinkeln malen.

3 Mit einem schwarzen Pinsel Augenbrauen zeichnen, die Augen und die Zähne umranden, die Oberlippe färben. Den Umriss des Kürbisses schwarz nachziehen und auf der Stirn einen Stängel auftragen.

4 Mit Glimmer Akzente setzen.

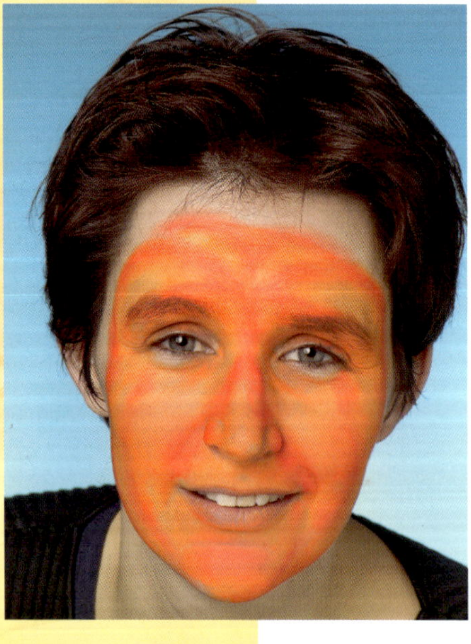

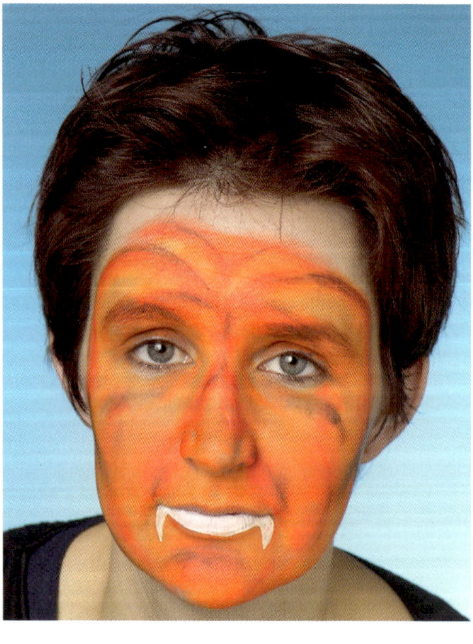

Graf Dracula

Farben

- Weiß
- Grau
- Schwarz

1 Das ganze Gesicht mit dem Schwämmchen weiß grundieren. Die Lippen mit einem Pinsel grau färben. Die Augenlider bis zu den Augenbrauen hinauf tropfenförmig mit einem Pinsel grau bemalen. Darauf achten, dass die aufgezeichneten Gesichtszüge symmetrisch sind.

2 Mit einem schwarzen Pinsel den Haaransatz bogenförmig gestalten, die spitzen Koteletten, die Brauen und den Bart auftragen.

3 Unter die Augen dunkelrote Striche setzen.

Tipp

Lidstriche unter den Augen lassen sich am besten ziehen, wenn das Kind nach oben schaut.

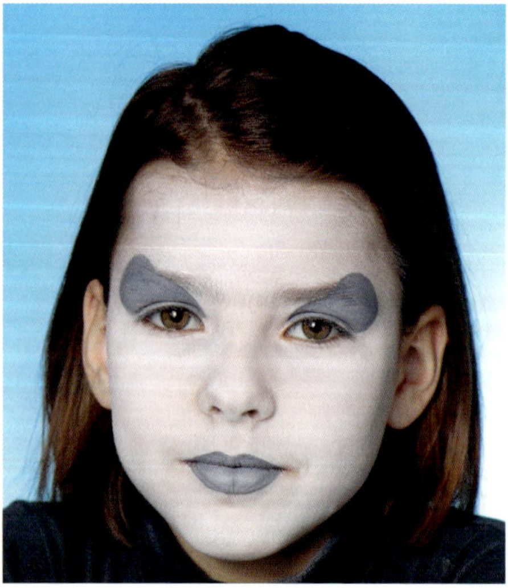

Walpurgisnacht

Farben

- Weiß
- Silberweiß
- Gelb
- Goldgelb
- Orange
- Rot
- Hellblau
- Mittelblau
- Dunkelblau
- Schwarz
- Glimmer

1 Oberhalb des linken Auges für den Mond eine Kreisfläche, von der rechten Wange ausgehend über das Auge hinaus eine flammenförmige Fläche weiß grundieren. Das Lid geschlossen halten, bis die Farbe getrocknet ist! Um den Mond und das Feuer, mit dem hellsten Blau beginnend, das ganze Gesicht mit dem Schwamm färben. Mit dem dunkelsten Blau abschließen, die Lippen einbeziehen.

2 Den Mond mit dem Schwämmchen goldgelb ausmalen. Das Feuer in Gelb, Orange und Rot leuchten lassen. Um den Mond herum unterschiedlich lange, waagerechte Striche mit dem Pinsel in Silberweiß auftragen, um den Schein anzudeuten. Um das Feuer herum in Goldgelb ebenso verfahren.

3 Mit einem feinen schwarzen Pinsel drei bis vier fliegende Hexen auf ihren Besen um das Feuer tanzen lassen. Vögel aufmalen. Im Feuer Holzscheite andeuten. Die Lippen färben. Auf die linke Wange eine Eule auf einem kleinen Ast zeichnen, den Bauch und das Gesicht nach dem Trocknen in Weiß auftragen. Augen und Schnabel in Schwarz andeuten.

4 Mit Glimmer Akzente setzen.

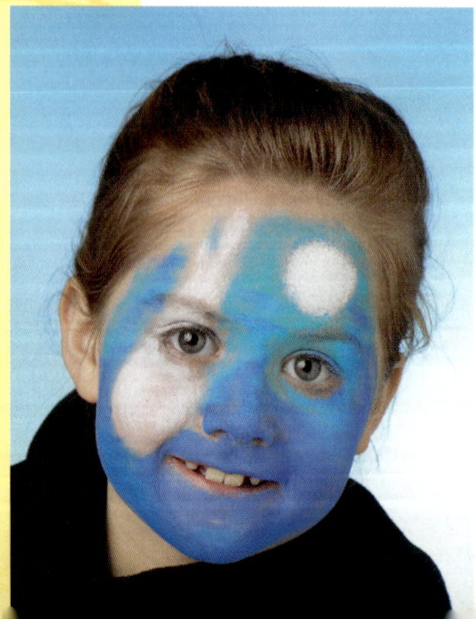

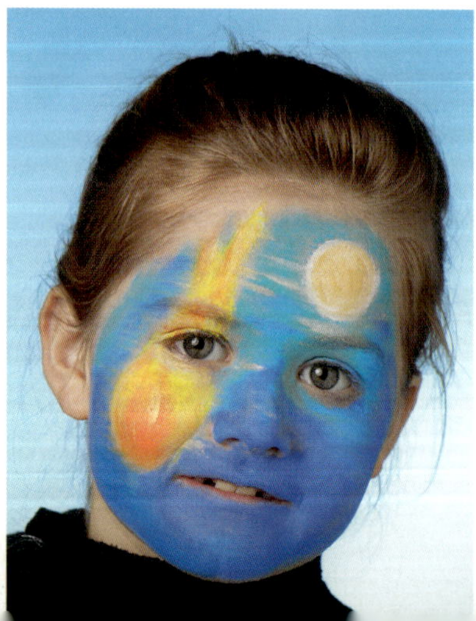

Spinnennetz

Note 1 Super

Farben

- Weiß
- Silber
- Schwarz
- Glimmer

1 Die rechte Gesichtshälfte mit einem Schwamm weiß grundieren, dabei das Auge aussparen. Nach dem Trocknen Silber auftragen. Die Lippen mit einem silbernen Pinsel färben.

2 Mit einem sehr feinen Pinsel, vom äußeren Augenwinkel als Mittelpunkt ausgehend, ein schwarzes Spinnennetz aufzeichnen.

3 Spinne und Fliegen im Netz anordnen, weiße Flügel und ein Kreuz auf der Spinne andeuten.

4 Auf die Lippen und auf die Spinnfäden Glimmer auftragen.

Tipp

Glimmer ist bei Kindern besonders beliebt und gibt den Masken den letzten Pfiff.

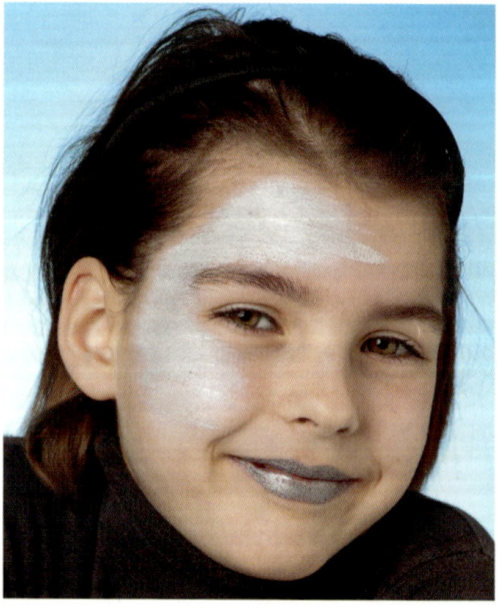

Impressum

ISBN 3-419-56427-9

Textredaktion:
Anja Huss, Freiburg

Styling und Fotos:
Peter Nielsen, Umkirch

Covergestaltung und Layoutentwurf:
Network!, München

Coverrealisierung:
smp, Freiburg

Produktion:
Carsten Schorn, Merzhausen

Druck:
Freiburger Graphische Betriebe

Wir sind für Sie da, wenn Sie Fragen haben.
Und wir interessieren uns für Ihre eigenen Ideen und Anregungen.
Schreiben Sie uns, wir hören gerne von Ihnen!
Ihr Christophorus-Team

Christophorus-Verlag GmbH
Hermann-Herder-Str. 4
79104 Freiburg
Tel.: 0761/ 27 17-0
Fax: 0761/ 27 17-3 52
oder e-mail:
info@christophorus-verlag.de

Aus der Brunnen-Reihe

3-419-56338-8

3-419-56389-2

3-419-56266-7

3-419-56216-0

Gerne helfen Ihnen auch der Autor und sein Team:

Schminktopf
Tullastr. 38
79108 Freiburg
Tel.: 0761 / 50 04 33
Fax: 0761 / 75 00 44 6
www.schminktopf.de